Último día cada día
y otro escrito sobre cine y filosofía

Último día cada día

y otro escrito sobre cine y filosofía

Adrian Martin

*traducción de Cristina Álvarez López*

# FICUNAM

Festival Internacional De Cine Universidad Nacional Autónoma de México

punctum books ✶ brooklyn, ny

ULTIMO DÍA CADA DÍA Y OTRO ESCRITO SOBRE CINE Y FILOSOFÍA
© Adrian Martin, 2013.
Traducción al español © Cristina Álvarez López, 2013.

Este libro es de libre acceso, lo cual significa que usted puede copiar, distribuir, reproducir y comunicar públicamente su contenido siempre y cuando lo atribuya de manera clara a sus autores, no lo use con fines comerciales de ningún tipo, no lo altere, lo transforme o genere una obra derivada de él, ni lo utilice fuera de su uso normal en el ámbito académico sin el permiso expreso del autor y el editor de este volumen, o sin reconocer correctamente su autoría.

Publicado primeramente como *Last Day Every Day: Figural Thinking from Auerbach and Kracauer to Agamben and Brenez* en 2012 por Dead Letter Office, BABEL Working Group, una serie de punctum books, Brooklyn, New York, http://punctumbooks.com.

Esta edición ha sido producida conjuntamente por FICUNAM y punctum books.

# FICUNAM

ISBN-10: 0615766013
ISBN-13: 978-0615766010

Para Cristina Álvarez López

*Contenidos*

Último día cada día: Pensamiento figural de Auerbach y Kracauer a Agamben y Brenez — 1

Avatares del encuentro — 31

Bibliografía — 49

# Último día cada día: Pensamiento figural de Auerbach y Kracauer a Agamben y Brenez

*En el cine, solo existen presunciones de figuras*
~Nicole Brenez

Hace unos 25 años, en Melbourne, vi a Gayatri Spivak dar una charla para la que había dispuesto, a lo largo de una mesa, una serie de libros colocados uno al lado del otro. Todos estaban boca abajo, de modo que quedaban abiertos, con el lomo alzado, por una página doble. Durante la conferencia ella iba abriéndose camino por esa mesa, eligiendo un libro distinto —Heidegger, Freud, Derrida— cada pocos minutos, dándole la vuelta y, aparentemente, improvisando sobre un pasaje que previamente había leído en voz alta. Parecía una manera muy natural, sencilla y espontánea de dar una charla, pese a que (por supuesto) era completamente premeditada, artificial y teatral.

Casi podría volver a poner en escena el impresionante truco de Spivak para vosotros, porque también yo voy a hacer mi camino a partir de una serie de fragmentos citados. También yo estaré persiguiendo una idea un tanto oscura y difícil a través de una serie de textos dispuestos, más o menos, en el mismo orden en que estos llegaron a mí, el orden en que me encontraron. Esa idea es la de la *figura*, que es un asunto muy simple y, a la vez, muy complejo, natural y sencillo pero, al mismo tiempo, artificial y teatral.

Para empezar elijo a Paul Ricoeur y su ensayo de 1974 "Una interpretación filosófica de Freud". Compré el libro en el que aparece —*La filosofía de Paul Ricoeur: Una antología de su obra* (1978)— por un dólar, en una tienda de libros descatalogados, hace ya 30 años, y por fin le he encontrado una utilidad. (Nota para mí mismo: no te deshagas de nada.) En esta pieza, un resumen de su trabajo sobre Freud, Ricoeur complementa la idea de lo que él denomina *arqueología* en la teoría de Freud,

> arqueología restringida de la pulsión y del narcisismo, arqueología generalizada del superyó y de los ídolos, arqueología hiperbólica de la guerra de los gigantes, Eros y Tánatos (Ricoeur 2006, 161),

con otra idea que, para él, es igual de necesaria: la *teleología*. Las dos ideas asumen un sujeto individual y proponen lo que Ricoeur llama "un concepto de filosofía reflexiva". La arqueología conduce al sujeto hacia atrás —a los orígenes, a las pulsiones, a los mitos primigenios— mientras la teleología lo empuja hacia adelante.

Ricoeur es honesto en relación al Pensador Maestro del que osa apropiarse aquí: él admite que el sistema de Freud permanece fundamentalmente en lo arqueológico porque es, en "la expresión rigurosa de Freud, una descomposición regresiva" que "no tiene síntesis alguna que proponer". Por eso, para Ricoeur, la teleología "no es una idea *freudiana*, es una noción filosófica que el lector de Freud forma por su cuenta y riesgo" (Ricoeur 2006, 161).

Tomemos, pues, este riesgo junto a Ricoeur para ver a dónde nos conduce. En la que es, para mí, la más llamativa y enigmática formulación de este ensayo, Ricoeur escribe:

> La apropiación de un sentido constituido detrás de mí supone el movimiento de un sujeto lanzado hacia delante de sí por una serie de "figuras", en la que cada una de ellas halla su sentido en las siguientes. (Ricoeur 2006, 161)

Esta noción de figura, nos dice Ricoeur, está "vinculada" (esta es una bella palabra) a la *Fenomenología del espíritu* de Hegel. La teleología, añade, es "la única ley de construcción de las figuras". Ricoeur está intentando encontrar un modelo de explicación para lo que él describe como "maduración": "todo crecimiento del hombre más allá de su infancia". La psicología o el psicoanálisis pueden decirnos como un hombre "deja de ser niño" pero se requiere una senda más prolongada: un hombre debe volverse

> capaz de *cierto recorrido significante*, que ha sido ilustrado por un cierto número de esplendores culturales, los cuales extraen su sentido de su disposición prospectiva. (Ricoeur 2006, 162, el énfasis es mío)

Por lo tanto, en cierto modo, fuera de lo Imaginario y dentro de lo Simbólico. Sin embargo, Ricoeur no está ofreciendo aquí una disculpa por el statu quo o por la socialización ordenada del individuo, tampoco por aquello que él desestima como "el más llano conformismo" (Ricoeur 2006, 162). "Teleología no es finalidad", él nos asegura que

> en la dialéctica teleológica, las figuras no son causas finales, sino significaciones que extraen su sentido del movimiento de totalización que las arrastra y las hace superarse hacia adelante. (Ricoeur 2006, 162)

El movimiento de las figuras del espíritu: esta es una dura abstracción *hegeliana* a la que agarrarse. Pero quiero centrarme, en relación al cine, en el tipo específico de movimiento propuesto por Ricoeur: un movimiento por etapas, una especie de movimiento escalonado, con hitos a lo largo de todo el camino. Estas son las figuras, las *paradas técnicas* del Ser (de estación en estación), y el individuo se transforma, adopta, llega a un particular estadio de su personalidad o de su destino —solo que esa identidad o ese destino nunca están fijados de antemano—.

Hoy en día, en gran parte de la teoría y la práctica cultural, tratamos con una idea del movimiento bastante distinta, pero también de inspiración cinematográfica: mutaciones o *morphings* lentos o rápidos, una cosa que se desliza dentro de otra, siempre en proceso de transformarse, perfectamente fluida y despegada. En el uso que hace Ricoeur de la figura —como su idea o metáfora central— hay algo majestuoso y calculado (ese plan o camino del itinerario lleno de sentido, en marcha), y este recurso da lugar, en mi memoria, a muchas ensoñaciones que tienen algo de clásico: las puertas de la conciencia que se abren al infinito, una tras otra, en la secuencia del sueño de *Recuerda* (Spellbound, Alfred Hitchcock, 1945); los mundos paralelos cada vez más intricados y laberínticos —como los niveles ascendentes de un videojuego— en el *thriller* fantástico de terror *La novena puerta* (The Ninth Gate, Roman Polanski, 1999); los libros-citas de Spivak, uno junto al otro, a lo largo de una mesa; el viaje del viejo Ventura, que vagabundea de casa en casa, de cuchitril en cuchitril, en *Juventud en marcha* (Juventude em marcha, 2006, Pedro Costa).

Y también vuelve a mi mente cierto tipo de narrativa cinematográfica fantástica que está pasada de moda y, al mismo tiempo, es totalmente moderna: todas esas historias de personas que se confrontan físicamente con sus *doppelgängers*, o con los fantasmas de sus antiguos o futuros yoes —de *El tiroteo* (The Shooting, Monte Hellman, 1966) y la versión de Federico Fellini de un cuento de Edgar Allen Poe en *Historias extraordinarias* (Spirits of the Dead, 1968), pasando por *El otro Sr. Klein* (Mr. Klein, Joseph Losey, 1976), *Opening Night* (John Cassavetes, 1977), *L'amour à mort* (Alain Resnais, 1984) y el psicodrama de cámara *Tras el ensayo* (Efter repetitionen, Ingmar Bergman, 1984), hasta las comedias dramáticas generacionales de Pedro Almodóvar, los desdoblamientos psíquicos de David Lynch, o filmes como *Tres vidas y una sola muerte* (Trois vies & une seule mort, Raúl Ruiz, 1996) o *La historia de Marie y Julien* (Histoire de Marie et Julien, Jacques Rivette, 2003), etc. "El matrimonio entre la mente de alguien de veinte años y un fantasma violento resulta ser decepcionante", escribió el poeta René Char, "porque nosotros mismos somos decepcionantes" (Char 1964, 126). También Ventura, en *Juventud en marcha*, parece ser una especie de fantasma con muchos, muchos hijos; de hecho, recibe a casi todas las personas con las que se encuentra como a hijos perdidos hace mucho tiempo, pero ligados a él para siempre —aunque no hay nada que confirme o niegue totalmente esta hipótesis—.

Pero no he empezado exactamente por el principio. No hace mucho tiempo, pasé tres años traduciendo el libro de Nicole Brenez sobre el director americano *Abel Ferrara* (2007). Podemos afirmar con exactitud y certeza que es Brenez quien, en el campo de los estudios de cine europeos contemporáneos, ha forjado la palabra *figura* (y todas sus derivaciones: figurativo, figurable, etc.), aunque esta palabra había sido utilizada previamente por Jean-François Lyotard, Stephen Heath, David Rodowick, Dudley Andrew y otros. Pero Brenez no se refiere a ninguno de esos usos o usuarios relativamente contemporáneos del término y tampoco toma prestado nada de ellos. Ella crea el término de un modo completamente nuevo; le prende fuego y trabaja a la luz que ese fuego proyecta. Y tras terminar, tras haber trabajado tres años en la traducción de su largo texto sobre Ferrara, me di cuenta de que esa palabra que había traducido literalmente cientos de veces, *figura*, todavía guardaba cierto misterio para mí. Como sabréis los que hayáis traducido alguna vez una obra literaria compleja, la traducción implica un juego —a veces difícil y siempre fascinante— de identificación y de distancia respecto al texto, de dominio sobre este y de una pérdida de control casi constante sobre él. Pero, en un sentido primario, debe haber algo en ese texto que no acabas de entender y que te hace seguir ahí, traduciéndolo, persiguiéndolo —la verdad en marcha—.

En la palabra *figura*, tal y como la usa Brenez, hay exactamente lo que os *figuraríais* que debe haber: una noción de dibujar o trazar, como en el arte plástico o figural, una manera creativa de dar forma más que una simple reproducción mecánica; una idea del cuerpo, pero no solo del cuerpo humano, porque hay figuras inhumanas, figuras-objeto, figuras abstractas, muchas clases de figuras; y un *figurarse* una resolución, un descubrimiento basado en el ensayo o la experimentación continua. Pero hay más; algo más enigmático, más poderoso, algo que ofrece más posibilidades a la propia Brenez como escritora y analista. En su obra, y me parece que esto es bastante deliberado, Brenez no define en ningún momento el concepto de figura de forma directa, simple, clara. En su sólido libro de 1998, *De la figura en general y del cuerpo en particular: La invención figurativa en el cine*, Brenez empieza haciendo referencia a una petición que recibió por email para "definir *figura* brevemente, en dos o tres palabras". ¡Qué provocación!: su trabajada respuesta inicial cubre varios miles de palabras —de hecho las 466 páginas de su libro elaboran artísticamente su extensa y detallada respuesta—.

Voy a volver a exponer rápidamente tres momentos llenos de acción: tres definiciones del reino figural en la obra de Brenez. En uno de sus primeros trabajos publicados, un número de 1990 de la revista colectiva *Admiranda* dedicado al tema *Figuración Desfiguración: Proposiciones*, encontramos un glosario sobre "Términos móviles y palabras interminables". (Y no olvidemos que, en la tradición de la crítica francesa contemporánea, estos glosarios o léxicos son a veces deliberada y astutamente cómicos en su *ratio*, tal y como diría Siegfried Kracauer, en su pose de hiperracionalidad). En estas páginas finales de *Admiranda*, la palabra figura es definida de este modo:

> La Figura se inventa como *fuerza* de la representación, lo que queda siempre por constituir, lo que, de lo visible, tiende a lo inagotable. En este sentido, la figura no se cierra nunca sobre el hombre, porque ella es lo impredecible. (Brenez 1990, 76)

La segunda definición viene del mismo glosario. Aquí la figuración es definida —preparaos para este *whopper proustiano* de una frase— como el

> juego simbólico que aspira a establecer una correlación *fija, evolutiva o inestable* entre los parámetros plásticos, sonoros y narrativos capaces de sacar a la luz categorías fundamentales de representación (tales como visible e invisible, mímesis, reflejo, aparición y desaparición, imagen y origen, íntegro y discontinuo, forma, inteligible, todo y fragmento...) y los parámetros —que pueden ser los mismos depen-diendo del trabajo de determinación efectuado— relacionados con categorías ontológicas fundamentales (tales como ser y apariencia, esencia y aparición, ser y nada, mismo y otro, inmediato, reflexivo, interior y exterior...).

Esta definición concluye:

> Todas las categorías anteriormente citadas, dependiendo del caso particular, pueden ser retomadas, inventadas, desplazadas, cuestionadas *o destruidas*. (Brenez 1990, 75, todos los énfasis son míos)

En el breve libro de Brenez, publicado en 1995, sobre *Shadows* (1959) de John Cassavetes hay una sugerente (pero no definitiva) lista de definiciones concernientes a los principios y variedades de figuras fílmicas. Esta lista parte de la meditación sobre esta única palabra: *sombras* (Brenez 1995, 65–69). En primer lugar, la sombra es un dibujo representacional, un trazo, pero desviado del realismo, especialmente del realismo en relación a los personajes o a las personas. Un régimen de representación tan sombrío como este tiene orígenes griegos míticos: la primera silueta de un amante trazada en la pared, alrededor de su cuerpo; la primera pintura que rellenó la figura —proyectada en una superficie blanca y vacía— de un caballo que pasaba. En segundo lugar, la sombra es una designación *shakespeareana* para el más oscuro y cambiante reino de los personajes: los impulsos, los instintos, los reflejos o, tal y como dice Brenez, "las virtualidades destruidas y las posibilidades fantasmagóricas" en el interior y alrededor de cada persona. En tercer lugar, las sombras del filme de Cassavetes —"siluetas, contornos, oscuridad de la forma"— son *estudios*, trabajos en desarrollo, personas o situaciones o relaciones que están en contante construcción, por lo tanto reminiscentes de la definición citada anteriormente, la figura como eso que "queda siempre por constituir". La figura de la sombra es, en este sentido, de acuerdo a Brenez, "blanca y negra a la vez, igual y diferente, siempre ahí y siempre sin forma y sin límites" (Brenez 1995, 67).

La cuarta clase de sombra listada por Brenez es la más curiosa: esos fantasmas que son "figuras tutelares", tal y como ella los llama. Dos de los actores afroamericanos en el filme de Cassavetes, Hugh Hurd y Rupert Crosse, en su interrelación en pantalla como personajes que llevan sus mismos nombres, "reproducen rasgo a rasgo", de acuerdo a Brenez, el dúo real formado por los músicos de jazz Clifford Brown y Max Roach. Por lo tanto, a sus ojos y oídos, el filme está "recorrido por ciertas armonías fúnebres". Es una *tumba* en el sentido genérico o poético (como en Mallarmé), una obra de duelo y tributo, no solo por dos individuos especiales sino también por una idea más general, que Brenez formula líricamente como "una amistad con el mundo, que requiere una creatividad soberana" (Brenez 1995, 68–69).

¡Ajá! Este asunto de los dos tipos negros como figuras tutelares, transformando a otras figuras reales en un gesto poético, es exactamente la pista, el gancho, el eco que necesitaba para volver a la arqueología de este término. Brenez, como Ricoeur, se refiere a Hegel —a su *Estética* más que a su *Fenomenología del Espíritu*—, pero no se refiere a Ricoeur. La fuente principal para su teoría de la figura parece ser (cuando excavas en ello) el filólogo literario alemán Erich Auerbach, autor de la famosa *Mimesis* de 1946 y de otro ensayo menos conocido pero no menos deslumbrante, "Figura", escrito a finales de los 30 e incluido, más tarde, en un pequeño volumen de 1959 con el espléndido (y, efectivamente, muy figural) título de *Escenas del drama de la literatura europea*. La noción *breneziana* de una relación significante entre dos puntos o conjuntos (Clifford y Max en la vida, Hugh y Rupert en el filme) —una relación que no es mera simulación, imitación o representación, sino algo más cargado e inventivo— es puro Auerbach... como intentaré explicar a medida que avanzo.

En realidad, Brenez (tal y como ella misma ha testificado con orgullo) no derivó ni se apropió del término figura directamente de Auerbach. La filiación o transmisión de ideas sucedió de una manera mucho más rara: del mismo modo inconsciente o atmosférico en que ella declara, en un texto de 1977, que "L'accident", la pieza breve escrita por Jean Louis Schefer en 1993 (reimpresa en Schefer 1999),

> no podía haber sido escrita antes de *Histoire(s) du cinéma*, haya el autor visto esta serie de Jean-Luc Godard o no. (Brenez 1997)

Brenez dice que dio con el término figura como un faro para sus investigaciones en algún momento de los 80 y fue después cuando, con placer y sorpresa, descubrió el ensayo de

Auerbach del mismo nombre —lo cual la llevó a incorporar y a reinventar algunas de las nociones filológicas específicas de este—.

Lo que realmente quiero señalar aquí es el misterio de dar un nombre —dar nombre a una idea—. Brenez dio nombre a su idea —a su amorfo, móvil e interminable grupo de sensaciones e intuiciones— como uno daría nombre a una pintura, a una canción pop... o a un niño. Un nombre que concentra una esencia percibida, ya existente, y, a la vez, abre la puerta a un futuro amplio, lleno de esperanza, a un estado del ser que todavía debe llegar a realizarse. El nombre (la idea) tiene una zona sombría. Crea o conjura puntos, estadios, estaciones en el espacio y en el tiempo. Escuchando una espléndida charla de Michael Taussig en 2008 sobre dibujar y dar testimonio —que sería incluida en su libro de 2011 *Juro que vi esto: Dibujos en libretas de trabajo de campo, concretamente los míos*— me acordé de la dimensión sagrada que, en ciertas tradiciones religiosas o espirituales, tiene la acción de dar un nombre. "Love calls you by your name" ("El amor te llama por tu nombre"), cantaba Leonard Cohen. Y la charla de Taussig sobre los espíritus me hizo recordar el sencillo conjuro de la directora surrealista Nelly Kaplan cuando dijo: "Todas las imágenes son conjuros: llamas a un espíritu y es el espíritu el que aparece" (Kaplan 1982, 56). El apasionado materialismo de Taussig o Kaplan me hace considerar lo que, para algunos de nosotros, es una preocupación perenne: el problema o reto que supone, para los no creyentes, el entender y usar el lenguaje de lo sagrado y lo espiritual, pero sin la religión; acercarnos al misterio y celebrarlo —especialmente el misterio poético, o lo que el cineasta vanguardista Ken Jacobs llama el *misterio de la personalidad*—, pero sin lo místico. Para mí, el pensamiento y el trabajo figural, están involucrados o son cristalizados en este reto.

Sumerjámonos ahora en el corazón del trabajo de Auerbach sobre la figura. Su obra constituye una empresa histórica: por entender y elaborar un sistema de interpretación muy coherente y, a la vez, artística y culturalmente poderoso —en particular, en lo que se refiere a la interpretación de los eventos recogidos en la Biblia judeo-cristiana—, y por trazar su evolución desde la filosofía y la teología a la literatura y otras formas de arte. El genio especial de Auerbach fue discernir este sistema específico, esta categoría de pensamiento. Él no buscaba celebrar, defender o reanimar este sistema, simplemente estaba interesado en exponerlo detalladamente, paso por paso; y eso es lo que hizo magistralmente en su ensayo "Figura", tal y como haría con todo el drama de "la representación de la realidad en la literatura occidental" en *Mimesis* —un libro que, recientemente, ha vuelto a nosotros y a nuestro momento contemporáneo, gracias (entre otros) a Edward Said—.

En la exposición de Auerbach, la figuración es un sistema de profecía: cómo, por ejemplo, ciertos eventos y personas del Antiguo Testamento profetizan (o *prefiguran*) eventos y personas que llegarán con el Nuevo Testamento. Pero el circuito de pasos, estadios o niveles figurales no se detiene aquí. Cito un pasaje envidiablemente lúcido de "Figura":

> La profecía figural implica la interpretación de un proceso universal y terrenal por medio de otro; el primer proceso significa el segundo, y este consuma aquel. Ambos continúan siendo sucesos acontecidos en el interior de la historia; pero en esta concepción los dos suponen algo provisional e incompleto, se refieren mutuamente el uno al otro y señalan hacia un futuro inminente que será el acontecimiento pleno, real y definitivo. Esto no solo resulta válido para el Antiguo Testamento, que anuncia la Encarnación y proclama el Evangelio, sino también para estos, pues

> en ellos no tiene lugar la consumación última, sino la promesa del fin de los tiempos y del verdadero reino de Dios. (Auerbach 1998, 106)

*El fin de los tiempos y el verdadero reino de Dios*: aquí alcanzamos el evento terminal de el último de los días, el día del Juicio Final, el fin del mundo... y, naturalmente, esto nos trae a la mente los títulos de muchos *blockbusters* apocalípticos.

De la rica ilustración del concepto de figuración realizada por Auerbach quiero destacar un aspecto particular. En *Mimesis*, él vuelve (tal y como haría antes y después a lo largo de su carrera) al caso de Dante. En *Infierno*, la representación del Más Allá sigue una lógica figural y

> nos muestra (...) el cumplimiento del plan divino con muchos menos rodeos y provisionalidad que el mundo terrenal. (Auerbach 2011, 180)

Pero es todavía imperfecto e incompleto, porque espera la realización suprema y definitiva que tendrá lugar el día del Juicio Final. Ahora bien, ¿qué tipo de personajes existen, hablan y dan testimonio en este peculiar más-allá-del-mundo? Unos que no cambian, que son —todos a la vez y para siempre— completamente ellos mismos, sus identidades y destinos están sellados. Están muertos, son fantasmas,

> los avatares de su fortuna han cesado; encuéntranse en un estado definitivo e inalterable, en el cual tan solo habrá de tener lugar una modificación: la recuperación de sus cuerpos por la resurrección en el Juicio Final. (Auerbach 2011, 181)

Auerbach se siente sobrecogido por la rica realidad física y psicológica que Dante es capaz de otorgar a estos personajes. "Conservan totalmente su vida terrena en la memoria, aunque ya haya cesado", viven (tal y como Auerbach nos recuerda) en ataúdes ardientes y son "almas separadas de sus cuerpos" con solo "una especie de sombra corporal, de manera que sean reconocibles y puedan expresarse y sufrir". Sin embargo "no producen el efecto de muertos, como son en realidad, sino de vivos" (Auerbach 2011, 181–182). Yo diría que los personajes del Más Allá de Dante, tal y como los articula Auerbach, son creaciones profundamente cinematográficas, y no me sorprende que, por ejemplo, Raúl Ruiz abrazara la oportunidad de dar forma —en un episodio para la televisión— a una secuencia vanguardista de cantos del *Infierno* (ver Martin 1993).

Ahora dibujaré la línea que conecta a un círculo de figuras que forman, de nuevo, un pequeño círculo de amigos, también íntimamente relacionados con una "creatividad soberana" —y marcados, según parece, por los singulares espíritus progresistas de la cultura de Weimar—. Auerbach y Walter Benjamin, como sabemos gracias a los fragmentos de su cálida correspondencia aparecida en alemán y en inglés (ver Barck 1992), fueron amigos durante muchos años. Benjamin admiraba muchísimo la primera obra importante de Auerbach de finales de los 20, que fue precisamente su primer trabajo sobre Dante y la interpretación figural (1929).

Me gustaría citar brevemente un fragmento de Benjamin que fue escrito antes, en 1919-1920. Su autor no lo vio publicado en vida, pero fue traducido al inglés en el primer volumen de sus *Escritos elegidos* (1996). Es una contemplación abiertamente figural, titulada "Mundo y Tiempo", y empieza así:

> En la revelación divina, el mundo —teatro de la historia— está sujeto a un gran proceso de descomposición, mientras el tiempo —la vida de quien lo representa— está sometido a un gran proceso de cumplimiento. (Benjamin 1996, 226)

En las dos frases siguientes, él evoca el "fin del mundo: la destrucción y liberación de una representación (dramática)" y la "redención de la historia por quien la representa". Este párrafo termina afirmando que "la más profunda antítesis de 'mundo' no es 'tiempo' sino 'el mundo por venir'". Más tarde, emerge una inflexión materialista: "Mi definición de política: el cumplimiento de una humanidad sin mejoras". "Lo divino se manifiesta" en lo social (que es, en sí mismo, una "manifestación de poderes espectrales y demoníacos") "solo como fuerza revolucionaria". "Estas manifestaciones", concluye, "tienen que ser buscadas no en la esfera de lo social sino en la percepción orientada hacia la revelación" y hacia "el lenguaje sagrado" (Benjamin 1996, 227). Estos ardientes motivos, tal y como sabemos, nunca abandonaron por completo la obra de Benjamin.

Siegfried Kracauer, el próximo amigo de este círculo o cadena, estaba especialmente obsesionado por estos aspectos del pensamiento visionario en su ensayo de 1928, "Sobre los escritos de Walter Benjamin", recogido en *Construcciones y perspectivas: el ornamento de la masa 2*. Con un pensamiento como el de Benjamin, remarcó Kracauer, "están emparentados más bien los escritos talmúdicos y los tratados medievales, pues a semejanza de estos su procedimiento es la interpretación. Sus intenciones son de tipo teológico" (Kracauer 2009, 163). Los términos de Kracauer se hacen eco, conscientemente o no, de los de Auerbach sobre la historia de la figura.

La redención llama, y canta. En su reflexión sobre Benjamin, Kracauer apunta que el mundo terrenal "está *alterado*" y "muestra a aquel que atiende a sus preceptos una figura que este debe destruir para llegar a las esencialidades". Kracauer describe este mundo de esencialidades como un "universo genealógico", un universo en el que Benjamin penetra y encuentra "aquello que les corresponde por su principio". A Benjamin, las formas y fenómenos vivos "se le presentan borrosos como un sueño, y en estado de decadencia se aclaran" (Kracauer 2009, 164–166). Esta clase de análisis figural, tal y como es practicado por Benjamin o

Kracauer, a la vez que se aleja del presente, apunta simultáneamente hacia un pasado primordial y hacia un futuro utópico. (La mención a la utopía parece arrastrar también hacia este grupo de debate del círculo de Weimar a Ernst Bloch, pero dejaré a este último de lado porque no creo que su noción del 'espíritu de la esperanza' funcione del todo, en imágenes o dramáticamente, como una procesión *auerbachiana* de figuras: no se trata en absoluto del mismo pasillo de espejos.)

Poco antes, entre 1922 y 1925, Kracauer escribió un breve tratado sobre *La novela policial* que figura entre las referencias clave del libro de Brenez sobre Abel Ferrara. Kracauer eligió no publicar este libro en vida, a excepción de un extracto condensado bajo la forma de un ensayo. Se titula "El *hall* del hotel" y aparece en *Construcciones y perspectivas: el ornamento de la masa 2*. El texto completo —que puede encontrarse en su colección de escritos en alemán— ha sido traducido recientemente al español (Kracauer 2010b), pero todavía no está disponible en inglés. Sin embargo, yo lo conocí gracias a la edición de bolsillo traducida al francés cuya portada, marrón y amarilla, está hermosamente adornada con una fotografía de *Vértigo* (Vertigo, Alfred Hitchcock, 1958).

En la útil introducción a la edición francesa, el cotraductor Rainer Rochlitz aventura que, en 1925, Kracauer dejó de lado el manuscrito porque la "alianza entre la sociología y la teología existencial ya no le satisfacía" (Kracauer 2001, 24); como su amigo Benjamin, había empezado a moverse hacia un sistema de conocimiento más marxista, materialista. Sin embargo, los aspectos teológicos de *La novela policial* de Kracauer siguen siendo fascinantes, y encajan con el singular pensamiento figural —su resurgimiento o reinvención— que predominó en el periodo de Weimar.

En la primera página del texto, tras una breve introducción que ya pronostica nuestra actual crítica de la globalización (en tanto que nos muestra cómo, en el ámbito internacional de la ficción criminal de principios del siglo 20, todos los países son representados de forma uniforme y similar, con solo algunas "singularidades" distintivas que les otorgan un poco de color local), en una sección que puede ser traducida como 'Esferas' o quizás 'Reinos', Kracauer conjura la existencia de dos universos que mantienen una relación especular deforme o invertida: la esfera de los humanos, con su sociedad terrenal, y el "reino superior" que, explícitamente y conforme a Kierkegaard, Kracauer denomina la esfera "religiosa". Siguiendo una lógica que los estudiantes de Kracauer conocerán bien, el mundo de la sociedad contemporánea —despiadadamente racionalizado, industrializado y burocratizado— ofrece un reflejo patético y degenerado del mundo perfecto, de la esfera divina: es el reflejo inauténtico de lo auténtico, un mundo sin tragedia, sin lo sublime o lo extático.

Pero lo que quiero destacar aquí es el hecho de que esa imagen dual de las dos esferas es una configuración totalmente figural, un *dispositivo* —en este caso más espacial que temporal (ver Martin 2011)—. La esfera superior es descrita, de manera rebosante, como el lugar de la redención mesiánica: el lugar al que debes "ascender", el lugar donde "los nombres entregan su secreto" —¡qué frase, qué imagen, qué idea!—, y

> el yo está en relación con el misterio supremo que lo lleva al punto más álgido de su existencia. La palabra y el acto, el ser y las formas, alcanzan aquí su límite extremo; lo vivido se vuelve real; el conocimiento adquirido alcanza un valor humano absoluto. (Kracauer 2001, 35)

Y, lo que es más importante, todo esto sucederá, tal y como dice Kracauer —devolviendo su intensa vitalidad a una frase alegremente banal y cotidiana—, "cuando llegue su momento" (Kracauer 2001, 50).

Pero ¿cómo llegaremos allí, a ese último día? Hacia el final del libro Kracauer da un giro (que refleja bien las ansiedades de las que era presa, en relación a su orientación intelectual y filosófica, a principios de 1925) y desplaza su argumentación hacia una dirección que encaja mejor con nuestra sensibilidad contemporánea del eterno *lugar intermedio*. La palabra figura aparece frecuentemente en este temprano texto de Kracauer e, igual que sucede en la obra de Benjamin de los años 20, también el Surrealismo hace una aparición como una especie de "vaso comunicante" o sistema de transporte que viaja entre las dos esferas, la humana y la divina. Entonces, en el punto más alto de redención, el héroe de la ficción policial viene a funcionar como una figura de tensión "que habita las esferas intermedias", que se mueve entre los dos reinos, incluso si el reino definitivo —el reino real— no es nunca aquel en el que se las arregla para vivir. Ahora empezamos a comprender la lógica de la imagen de la portada de la editorial francesa: Scottie (James Stewart), en *Vértigo*, es el antihéroe órfico que vagabundea entre las sombras, entre el reino de los vivos y el de los muertos. La novela de Boileau-Narcejac en la que se basa el filme de Hitchcock se tituló *De entre los muertos* y esta pareja de escritores colaboró también, en 1964, en un estudio de no ficción titulado... ¡*La novela policial*!

¿Acaso el pensamiento figural ha abandonado alguna vez por completo el trabajo de Kracauer? El título de su último libro —*Historia. Las últimas cosas antes de las últimas* (Kracauer 2010a)—, publicado por primera vez en 1969, tres años después de su muerte, nos trae los ecos de los escritos tempranos que he citado antes. Y está, por supuesto, la famosa (o infame), y ciertamente enigmática, *redención de la realidad física* que apuntala su *Teoría del Cine* (1989), un libro de 1960 que solo ahora estamos aprendiendo a leer o releer.

A estas alturas debería estar claro que Kracauer hablaba de algo que va mucho más allá de una simple valorización o, incluso, de una estratégica desfamiliarización del mundo físico y material. El concepto de redención resuena con fuerza en las imágenes del mundo y de su doble, en el poder resurreccional de esta transformación, en cierta realización figural de nuestra existencia en la tierra. Después de todo, para redimir al mundo, no basta con percibirlo —tanto en su mundanidad como en sus maravillas—. Si nuestros ojos fuesen suficientes para eso, si nos alcanzase con nuestra propia experiencia vital ¿para qué necesitaríamos entonces una cámara, fotográfica o cinematográfica, que lo hiciese por nosotros? Este es el misterio poético del mundo y de su doble, el misterio de todo arte representacional o mimético —una idea-talismán a la que Jean-Luc Godard ha vuelto con frecuencia desde principios de los 80—.

Las ideas figurales, por lo que sé, no han sido muy testadas en relación a esos directores alemanes que estuvieron, de distintos modos y en distintos grados, tocados por la cultura artística e intelectual del periodo de Weimar. Pero, recientemente, yo mismo experimenté un saludable *shock* al revisitar *El ángel azul* (Der blaue Engel, 1930) de Josef von Sternberg, protagonizada por Marlene Dietrich —un filme que yo recordaba vagamente (estúpidamente, en realidad) como un clásico canónico viejo y rancio, asfixiado, sin duda, por las dificultades tecnológicas derivadas de combinar y sincronizar, en los inicios del cine sonoro, los distintos sistemas de grabación de imagen y sonido—. Pero el filme, visto a través del filtro de Auerbach y de su círculo, resulta ser, de nuevo, extraordinario. Lo que antes había despreciado por estático y chirriante es, en realidad, un esquema artístico deliberado: literalmente, una procesión de figuras, de personajes transformados en figuras (en todas partes hay juguetes, marionetas, estatuas, pósters, figuritas, etc.), dispuestos de manera que forman configuraciones repetitivas en la trama y diagramas pictóricos de inducción, de circularidad o de movimientos en progresión lateral que funcionan como itinerarios. El filme conjura, en todas las formas brillantemente inventivas que Sternberg se guardaba bajo la manga, una resurrección, para el cine de Weimar, de lo que Auerbach llamó "la procesión de los profetas en el teatro medieval y en las representaciones cíclicas de las obras plásticas de la misma época" (Auerbach 1998, 98).

Una clave sobre el misterioso trabajo de Sternberg la encontramos en el magnífico ensayo de Claude Ollier sobre el director, que fue publicado por primera vez en 1973 e incluido después en el libro *Cinema: A Critical Dictionary* (1980a), editado por Richard Roud. Ollier es un aclamado novelista que llegó a ser relacionado, demasiado vagamente, con la escuela francesa de la *Nouvelle Roman* de los 50 y 60. Tal y como Ollier deja claro en la introducción de *Souvenirs écran* —su libro, de 1980, de ensayos sobre cine—, su compromiso de una década con la crítica de cine estuvo motivado por un interés en mostrar "como la contemplación de filmes podía ser rápidamente relacionada con el trabajo de un escritor" en lo que concierne a las cuestiones —planteadas, en este periodo, de forma similar tanto por el cine como por la escritura— sobre la ficción, "el tratamiento de los textos y los mitos" y su convergencia alrededor de un objeto común (Ollier 1980b, 10-11).

¿Cual es este objeto común? Ollier lo explica claramente al final de su texto sobre Sternberg: el trabajo del director, este "audaz, solitario y enigmático" trabajo, tal y como él lo llama, "es parte de una vieja tradición de siglos que concierne a la relación entre la obra de arte y el mundo" (Ollier 1980a, 959). Ollier no usa los términos figura o figuración —pese a que Brenez, en su pieza cartográfica de 1997 "El viaje absoluto: Notas sobre la teoría contemporánea", lo cita como una inspiración central para el análisis figural de hoy en día—, pero su concepción de la obra de arte y del mundo —del mundo y de su doble, tal y como él mismo dice— es otra imagen espacial totalmente figural, repleta de infernales y vampíricas transacciones que tienen lugar entre y a través de las esferas.

Sternberg abstrae el mundo minuciosa y detalladamente, lo convierte en "un universo en un estado avanzado de rarefacción y confinamiento espacial", y demanda el derecho a que su mundo doblado esté "gobernado por leyes que no sean las de la imitación y la representación, tampoco las de la causalidad cotidiana" (Ollier 1980a, 952, 950). Una vez dentro de este mundo, ¿qué tipo de historias elige contar Sternberg, qué lugares recrea, con qué personajes las puebla? En este punto Ollier es firme: todo es, deliberada y militantemente, cliché y estereotipo. En el laboratorio cinematográfico de Sternberg, "la investigación que se emprende es alrededor de la noción de estereotipo", en el contexto de "esas formas viejas y tabuladas de una literatura, un teatro y una iconografía que hoy son relegadas al 'consumo de masas'" (Ollier 1980a, 953):

> Aquí todo es estrictamente estereotipado para llevarlo lo más cerca posible de esos elementos dados y comúnmente admitidos sobre la materia. Los signos proporcionados corresponden exactamente a lo que se espera de ellos en cada momento. (Ollier 1980a, 954)

Por supuesto, esto es algo que podría decirse de muchos filmes, buenos o malos, inspirados o no. Pero Sternberg va más allá. De acuerdo a Ollier, para él, este material de 'ornamentación de la masa', "ofrece una condensación de características dramáticas y emocionales que han sido inventariadas hace tiempo, algo muy parecido a una serie de eventos que ya han sido catalogados" (Ollier 1980a, 954). Asimismo, los personajes —especialmente Dietrich en el papel de la *femme fatale*— funcionan "como un modelo de lo efímero, de lo elusivo, de lo universalmente ilusorio" (Ollier 1980a, 955). Están pegados a su tiempo y a su identidad, no cambian (o, todo lo contrario, cambian salvajemente, de acuerdo a una lógica no naturalista), y se mueven como fantasmas: como los residuos alterados del mundo moderno de Benjamin, como las criaturas ardientes y espectrales de Dante dando testimonio —tal y como son interpretadas por Auerbach—.

28 años después de *El ángel azul*, en pleno sistema de Hollywood, Douglas Sirk realiza *Ángeles sin brillo* (The Tarnished Angels, 1958) en perfecta libertad. Pero en la mente de Sirk, este proyecto había nacido mucho antes: a mediados de los años 30, cuando leyó *Pylon*, la novela de William Faulkner que se acababa de publicar entonces. En una pieza de 1972 titulada con acierto "El apocalipsis según Douglas Sirk", el crítico de *Positif* Jean-Loup Bourget escribió un útil inventario de todos los motivos circulares del filme, de su imaginería de carnaval oscura e invertida y de su atmósfera de Danza de la Muerte. Sin embargo, para obtener la medida completa del alcance figural de esta obra maestra de Sirk, debemos prestar atención urgente a otro genio alemán, Rainer Werner Fassbinder. Él lo dijo de forma clara y, a la vez, cómica:

> Nada más que derrotas. Este filme no es más que una colección de derrotas… En esta película la cámara está en constante movimiento, actuando igual que la gente de la que trata el filme, como si realmente estuviera sucediendo algo. En realidad, al final, todos podrían tumbarse y dejar que los enterraran. (Fassbinder 1992, 85)

Pensemos, de nuevo, en Auerbach sobre Dante y proyectemos eso en la más visible (y menos contemplada) de las convenciones usadas por Sirk: la secuencia de los créditos de apertura.

En la ráfaga inicial de *Ángeles sin brillo*, Sirk alinea a sus personajes según su jerarquía —especialmente según los estereotipos que representan y que se repetirán infernalmente— en los lugares semánticos y temáticos que estos ocuparán diligentemente a lo largo de toda la película. En dos planos furiosamente económicos vemos a Burke (Rock Hudson) intentando entrar, solícita y desesperadamente, en un mundo en el que es un extraño y, luego, a Roger (Robert Stack) —personaje alrededor del cual gira toda la trama— ocupando el asiento del piloto. Después aparece LaVerne (Dorothy Malone), empujada a convertirse en un espectáculo: su ropa y sus cabellos agitados por el viento. Finalmente tenemos a Jiggs (Jack Carson) —el parásito patético, el tipo que será despojado de su masculinidad y manipulado por este triángulo— emergiendo por la parte inferior del encuadre y apenas capaz de sostenerse en su posición, agitándose en el viento más que LaVerne (incluso cuando, en una escena posterior, esta se lanza en paracaídas). Y, por último, en un plano añadido después del título del filme, vemos al jefe —el tipo asociado a las realidades vulgares del dinero, el tiempo, el lugar, las noticias—.

Por un lado, esta es una exposición narrativa simple y profesional (eso es lo que diría David Bordwell); pero, por el otro, es mucho más. ¿Qué mejor que una secuencia de créditos —con todas sus restricciones y obligaciones contractuales— para establecer y presentar un mundo lleno de muerte, de jerarquías y de juegos de poder eróticos? Y, en términos dramáticos, todos los personajes continuarán girando sobre esas posiciones establecidas —como si se tratase de una procesión figural ritual, medieval— desde el principio.

Voy a seguir con mi breve relato de Weimar haciendo un comentario sobre el estatus histórico del pensamiento figural que se ha extendido a través del arte, la crítica y la cultura en general. Creo que hay tres maneras de situar lo figural, sea como una forma particular de creación artística o como una herramienta crítica para interpretar el arte.

En primer lugar, uno puede situarlo, tal y como hace Auerbach en la gran marcha trazada por su libro *Mimesis*, como algo que floreció y murió con un tiempo y un lugar histórico específico: precisamente como una "escena del drama de la literatura" (europea o de cualquier otro sitio).

En segundo lugar, uno puede ver el arte o el pensamiento figural como algo que, más allá de su momento histórico, permanece siempre latente, posible, virtual —algo que emerge bajo nuevas y, a veces, sorprendentes formas—. Creo que esto es lo que ocurrió en el periodo de Weimar, en parte como consecuencia de las chispas encendidas por el análisis del propio Auerbach sobre Dante y otros. Es algo que sucede, quizás, a menudo (siempre y cuando estemos en la onda adecuada para percibirlo): pasajes de Auerbach, por ejemplo, se leen hoy como sorprendentes prefiguraciones del trabajo cinematográfico de Philippe Garrel (ver Martin 2009). Y Jonathan Rosenbaum (1997) ha propuesto una persuasiva lectura de *El desprecio* (Le mépris, 1963) como la escenificación de un tenso y agridulce combate entre dos de los modos —descritos y situados por Auerbach— de contar una historia, de narrarla y de conjurar el mundo: el estilo de Homero y el estilo del Antiguo Testamento, que Rosenbaum renombra —vía Godard— antigüedad y modernidad. "Si *El desprecio* tiene un tema único, global", sugiere Rosenbaum, "ese es el de la dolorosa distancia entre los dos estilos que Auerbach delineó y los dos modos de percibir el mundo que estos implican" (Rosenbaum 2004, 186). Y, tal y como hemos visto, en los años 50, Sirk y Sternberg reanudaron sus pesados estilos figurales, el primero con *Ángeles sin brillo*, y el segundo con *La Saga de Anatahan* (The Saga of Anatahan, 1953) —un filme que para Ollier es el logro más supremo y radical de su director (y un filme que, por cierto, sigue sin gozar de una buena edición en DVD)—.

Después, hay una tercera posibilidad, que Bill Routt persigue vigorosamente en un extenso texto sobre Brenez y sobre la idea de figuración titulado "Por la crítica" (2000) —un trabajo al que le debo mucho aquí—. Para Routt, la interpretación figural (que siempre tiende, en su exposición y uso de esta, hacia un verdadero delirio de alegorización) es absolutamente fundamental, esencial e inherente al propio acto de la crítica. La crítica es lo que consuma el trabajo artístico, elevándolo, redimiéndolo —y, también, completándolo, finalizándolo, cerrándolo en la conclusión del circuito figural, tal y como Auerbach lo trazó primero—. Pero, ¿es este un cierre totalmente definitivo? Esto me hace pensar en la presentación de Andrew Benjamin para una conferencia sobre Spinoza que tuvo lugar en Melbourne en 2006. Allí, él entró con agrado en lo que (siguiendo a Walter Benjamin) describió como la *nombrabilidad* de la obra artística —su cualidad o, más bien, su potencial o capacidad para convocar su propio nombre— y, al mismo tiempo, para proferir una invocación, dirigida al crítico o al espectador, con la intención de que este asuma esa tarea que nunca es fácil. Por supuesto, ninguno de los Benjamins (Andrew o Walter) piensa que haya un nombre único, simple o llano que podamos adherir a un trabajo artístico, de una vez y para siempre, como si de una marca se tratase; la tarea asumida es mucho más ardua, más laberíntica. Y es potencialmente infinita, abierta. Sin duda, abre la puerta a una discusión más minuciosa sobre la crítica que deberíamos llevar a cabo en otro momento. Por ahora, simplemente recordad: el amor te llama por tu nombre...

Voy a redondear esta escena del drama de la figuración volviendo a contar una pequeña parábola compuesta por

Giorgio Agamben para su libro *Profanaciones*. Como es bien sabido, Agamben, desde su propia perspectiva materialista-marxista, ha estado interesado durante mucho tiempo por los aspectos mesiánicos del trabajo y la herencia de Walter Benjamin, y especialmente por el concepto clave de redención (ver Agamben 2008). Tomando prestada una frase de Auerbach, la misión elegida por Agamben es la lidiar con una "realidad velada y presente en todo momento" (Auerbach 1998, 108) en el pensamiento y los escritos de Benjamin y, de algún modo, negociar su revelación o iluminación. Pero hacer esto sin ser totalmente absorbido por su particular significado religioso —alcanzar la iluminación, capitalizarla, sin rendirse a un sistema específico de creencia—.

Agamben se acerca a todo esto indirectamente, con mucha naturalidad, en "El Día del Juicio", una pieza corta que podemos encontrar en su libro *Profanaciones*. Esta meditación persigue la noción de "una relación secreta entre gesto y fotografía" (Agamben 2005, 31) —en este contexto concreto, fotografía fija—. Pero eso no es todo, Agamben juega con la idea de la fotografía como "lugar del Juicio Universal" que "representa al mundo tal y como aparece en el último día, el Día de la Cólera" (Agamben 2005, 29) —aquí, por cierto, tenemos la referencia para el título de otro filme clásico: *Dies Irae* (Carl Theodor Dreyer, 1943)—. La fotografía es el ojo de la eternidad, el juicio del final de los tiempos. Pero ¿qué ve este ojo, qué es lo que encuentra cuando el objetivo congela lo real?

Agamben ofrece un ejemplo hermosamente artificial y perfectamente alegórico que es el que ilustra la sobrecubierta del libro en su edición en inglés. Se trata de una imagen tomada en París y considerada hoy "la primera fotografía en la cual aparece una figura humana" (Agamben 2005, 29-30): "Boulevard du Temple" (1838) de Louis Daguerre. Solo una figura en una calle que, por lógica, tendría que haber estado abarrotada de gente. Sin embargo, debido a que los aparatos primitivos necesitaban un tiempo de exposición anormalmente prolongado para que la luz imprimiera algo en la película, la calle luce extrañamente vacía. Excepto por esta estrella oscura, esta masa informe de un ser humano situada en la esquina inferior izquierda del encuadre. Precisamente porque, sin darse cuenta, este hombre permaneció quieto, estático, durante el tiempo suficiente, su gesto ha sido inmortalizado en esta fotografía histórica. Pero ¿cuál es el gesto que viene a representar, a emblematizar, a ocupar el lugar de este tipo anónimo de París? No son los extáticos gestos de alegría o dolor, de vida o muerte, perseguidos por Aby Warburg (otra de las obsesiones de Agamben). En realidad, se trata de un gesto profundamente banal: el hombre, al parecer, estaba haciendo que le lustraran sus zapatos.

A Agamben le encanta esta apoteosis tan poco glamurosa de un ciudadano cualquiera de la modernidad. Pero también responde, apasionadamente, a su llamada por ser recordado, por ser memorizado a través de la fotografía. "La fotografía exige que nos acordemos de todo esto", escribe Agamben, "y de todos esos nombres perdidos dan testimonio las fotos, como el libro de la vida" —he aquí otra imagen muy figural— "que el nuevo ángel apocalíptico (el ángel de la fotografía) tiene en sus manos al final de los días" (Agamben 2005, 34).

Esto suena como una redención o consumación figural muy familiar, muy clásica. Pero, en esta oración con la que termina "El Día del Juicio", hay un hermoso giro de último momento: su frase final, sus últimas palabras. Y es que, después de escribir "al final de los días", Agamben añade inmediatamente (redimiendo la idea de un modo completamente distinto): "al final de los días, es decir, cada día" (Agamben 2005, 34). Cada día. La misma esfera de lo cotidiano —ordinaria, banal y, aún así, mágica y apasionada— que, tal y como Siegfried Kracauer discernió en los escritos de Walter Benjamin, está ahora "a la espera de un destinatario" (Kracauer 2009, 169).

Post Scríptum, Enero 2012

Esta charla fue dada, por primera vez, en julio de 2008, en un coloquio sobre Siegfried Kracauer —habiendo sido, más o menos, "escrita en pocos minutos, después de varios años", tal y como testificó el poeta brasileño Paulo de Paranagua al final de su "Manifiesto por un cine violento" de 1966—. Desgraciadamente, las actas de este enérgico coloquio nunca fueron publicadas. Cuando Nicole Brenez leyó el texto (algunos años después), estuvo en desacuerdo con un aspecto central de mi presentación. Su respuesta, comunicada por correo electrónico, fue la siguiente:

> Tienes mucha razón y todo es muy revelador, mi querido Adrian, excepto que yo no siento en absoluto que la 'figura' sea algo misterioso y oscuro. Al contrario, siempre intento ser muy clara respecto a esto: el análisis es sobre el proceso elaborado por el filme para construir su propio tipo de 'figura'. Polisemia y diversidad no significa falta de claridad, déjame explicar por qué y cómo.
> 
> Cuando empecé a concebir mi tesis doctoral (en 1985, *soutenu* en 1989), todavía no había leído "Figura" de Auerbach. Pero la estructura de la palabra figura estaba muy clara para mí, con frecuencia la enseño en mis clases como introducción, para dar a los alumnos las herramientas: es la explicación del nombre latino 'Figura' que viene en el diccionario *Le Gaffiot*, ese estupendo diccionario antiguo que tenemos para nuestras versiones en latín. Yo estudié latín desde *Seconde* en el Lycée expérimental de Sèvres, por lo tanto leía y utilizaba el *Gaffiot* todas las semanas, siempre estaba en mi escritorio con el *Bailly*, el diccionario de francés-griego antiguo. Y todavía están detrás de mí, *à portée de main*, como dos pilares,

pese a que ahora muy raramente los abro.

Gracias al *Gaffiot* (que cito extensamente en la introducción de mi tesis doctoral), cuando leí "Figura" de Auerbach en su versión inglesa (fue Jean Clay, el editor de Éditions Macula, quien me lo dio, y antes se lo había dado a Yve-Alain Bois y Georges Didi-Huberman, teniendo en ambos una gran influencia), no es que fuera una revelación, pero sí una maravillosa confirmación, extensión e historización. Puede ser que Auerbach también encontrase inspiración en un diccionario equivalente en alemán.

Y, por supuesto, en latín hay todo un campo que deriva de las palabras seminales *fingo*, *figuro* (verbo) y *figura* (nombre): *figuralis*, *figuraliter*, *figuratio*, *figurativ*… Toda la terminología de los estudios cinematográficos figurativos viene de aquí, de estas páginas del *Gaffiot*. Esta es la estructura, y después hay que construir la casa metodológica y teórica, y la casa está abierta —es decir, son los propios filmes, en su singularidad, los que enriquecen el método—. Por eso, cuanto más singulares y únicos son los filmes, más ofrecerán al saber de la figuralidad.

Por lo tanto, nunca reduzcas la riqueza de un filme a una palabra, enriquece la noción con todas las invenciones concretas debidamente analizadas.

# Avatares del encuentro

*Esto es un presagio. Un mal presagio*
~*Le tempestaire* (Jean Epstein, 1947)

Spinoza escribe lo siguiente en la sección de su *Ética* dedicada a los afectos:

> Las cosas que son por accidente causa de esperanza o de miedo se llaman *buenos o malos presagios*. Además, en cuanto esos mismos presagios son causa de esperanza o miedo, en esa medida son causa de alegría o de tristeza, y, consiguientemente, los amamos u odiamos, y nos esforzamos por emplearlos como medios en orden a lo que esperamos, o por apartarlos como obstáculos o causas de miedo. (Spinoza 2009, 246)

Su invocación de los *presagios* como detonantes de las acciones encuentra un fascinante eco en el cine contemporáneo. En varios filmes recientes, incluyendo *María Antonieta* (Marie Antoinette, Sofia Coppola, 2006), *Vendredi soir* (Claire Denis, 2002) y *El Nuevo Mundo* (The New World,

Terrence Malick, 2005), experimentamos escenas concretas o puntos de inflexión en la historia, a veces pasajes enteros, donde los presagios o los presentimientos —llamémosles emociones, estados de ánimo o atmósferas— importan mucho más que la lógica narrativa tradicional de causa-efecto, estén estos relacionados con los personajes ficticios o sean parte del ambiente que los rodea.

En *María Antonieta*, por ejemplo, encontramos un idílico interludio —que sucede lejos de la disolución de la corte— en el cual, de repente, el sol brilla, Kirsten Dunst corre a través de las altas hierbas, los perros retozan. No hay nada especial que provoque esta escena, nada que nos conduzca a ella, más allá del cambio de escenario y otro tipo de música en la banda sonora. La escena tampoco tiene una verdadera repercusión en la trama; está suspendida como una isla de sensaciones, flota como un estado de ánimo positivo o una buena vibración.

*Yes* (2004) de Sally Potter ofrece la ambiciosa variante *New Age* de esto: en un mundo lleno de miseria, de contradicciones y negaciones de todos los grados de cultura, nación, género, raza y clase, Potter desplaza, literalmente, el cielo y la tierra para llegar a un desenlace optimista. Lo que, de manera improbable y poco convincente para algunos espectadores, nos conduce hasta el cierre del filme es el levantamiento de las olas del océano, una grácil danza del movimiento, una repentina delicadeza de la luz y el aire, la levedad del ser. Si describo esto como algo *New Age* es porque refleja una cierta *política del estado de ánimo* contemporánea: si puedes arreglártelas para sentirte bien contigo mismo, si puedes alinear tus energías y tus estados interiores, entonces el mundo externo imitará ese camino hacia la paz y la armonía.

Pero suspendamos por un momento todo juicio preventivo sobre la *política del estado de ánimo* para tratar de entender en profundidad el funcionamiento de este fascinante fenómeno cultural. He mencionado que la resolución de *Yes* es, para algunos, improbable y poco convincente —a los comentaristas de cine les encanta hablar sobre si el filme *se ha ganado* su final feliz o trágico—, pero puede que todo esto indique solo una limitación, una laguna en nuestro conocimiento estándar sobre el modo en que las resoluciones narrativas pueden funcionar en las películas. Creo que siempre ha habido dos tradiciones de lógica narrativa en el cine, una masivamente más dominante que la otra.

La primera de estas tradiciones —la que conocemos mejor y usamos naturalmente y de modo reflejo en la mayoría de nuestros juicios cotidianos sobre un filme— demanda que en una historia haya un cierto nivel o proceso de prueba, demostración y persuasión. A través de su progresión dramática o cómica, la película debe convencernos de que ha llegado a una conclusión sensible, creíble, no solo en términos del realismo de los sucesos, sino, más profundamente, en lo que respecta a su lógica temática, a su lucha de posicionamientos morales y valores éticos —*Match Point* (2005) de Woody Allen podría servir como ejemplo práctico de este tipo de lógica narrativa—.

Pero hay otra lógica en la historia universal del cine, menos apreciada y más subterránea, que tiene poco que ver con las pruebas, la demostración y la persuasión. En esta lógica las cosas suceden y se mueven debido, fundamentalmente, a cambios o giros de los estados anímicos. Estos estados anímicos están creados por el propio filme, con todo el arsenal estilístico de imágenes y sonidos a su disposición, y son proyectados en el espacio o universo ficcional de la película. La psicología de los personajes ya no es lo que motiva o mueve el mundo, la voluntad individual ha dejado de ser la fuerza motriz de la acción narrativa. Más bien, es ese mundo el que, de una manera intensa, impredecible y siempre cambiante, actúa sobre los personajes y altera sus estados de ánimo, a veces sus propios destinos. Abocados por completo a esta lógica contagiosa, los personajes aprenden a no confiar en nada más que en sus propias sensaciones: sus caprichos, sus corazonadas, sus inexplicables giros emocionales. Siempre están al acecho de buenos y malos presagios.

Por lo tanto, las relaciones entre ellos, sus lazos e interacciones intersubjetivas, se convierten en un puro flujo de interacciones anímicas, instantáneas y efímeras, extáticas como las corrientes de amor o tóxicas como una fijación criminal. Y el ambiente o la naturaleza juegan un papel vital como detonantes de todos estos estados de ánimo: la luz a través de los árboles, los sonidos de la mañana, el calor pegajoso, el día que se desvanece, *the bad moon rising*... Los filmes llenos de naturaleza que Jean-Luc Godard realizó a partir de los 80, como *Nouvelle Vague* (1990), son la punta de lanza contemporánea de este cine, intrincado y antipsicológico, de los estados de ánimo: en un comentario de este filme, el director alemán Harun Farocki escribe que el hombre y la mujer protagonistas solo encuentran su camino juntos una vez "han participado en el desenfreno del verano" (Silverman & Farocki, 1998, 208).

Este cine se está haciendo sentir hoy pero también tiene una historia. Otro de sus periodos pertenece a un extraño desvío de las producciones de Hollywood que tuvo lugar a principios de los 50. Un puñado de filmes, incluyendo *Pandora y el holandés errante* (Pandora and the Flying Dutchman, Albert Lewin, 1951) y *La condesa descalza* (The Barefoot Contessa, Joseph L. Mankiewicz, 1945) —por cierto, ambos protagonizados por Ava Gardner—, se construyen totalmente a partir de sorprendentes arreglos y giros del humor; no es extraño que estos filmes en concreto fuesen adorados por los surrealistas de los 50 por su aspecto antiliterario y por un desarrollo que se asemeja al de los sueños, incluso al de los delirios. Pero también podemos encontrar indicios de esta lógica del humor, en mayor o menor grado, en películas que llegan en el impreciso periodo final del *film noir*: en psicodramas telegramáticos y elípticos como *Una mujer en la playa* (The Woman on the Beach, 1947) de Jean Renoir; en improvisaciones de bajísimo presupuesto como *Detour* (Edgar

G. Ulmer, 1945); o en los *thrillers* sobrios de Otto Preminger como *¿Ángel o diablo?* (Fallen Angel, 1945), *Vorágine* (Whirlpool, 1949), *Al borde del peligro* (Where the Sidewalk Ends, 1950) y, especialmente, *Cara de ángel* (Angel Face, 1952), con su temática obsesiva sobre la fascinación, la hipnosis y sus presagios de todo tipo.

Hay, por lo menos, una relación o filiación directa entre este cine contemporáneo de las atmósferas y los estados de ánimo y el de los 50: *Nouvelle Vague* de Godard es, explícitamente, un *remake* radical de *La condesa descalza*, reenfocado para centrarse solamente en la relación entre la condesa Torlato-Favrini y su ejército de criados. No es difícil ver porque el filme de Mankiewicz (protagonizado también por Humphrey Bogart) se las ha arreglado para mantener su hipnótico embrujo sobre Godard durante más de cincuenta años: se trata de una obra construida sobre estados de ánimo —extraordinariamente suspendidos y atenuados— que presume de una trama en la que cada cambio decisivo es producido por un sentimiento, impulsivo pero absolutamente certero, de atracción o disgusto ("Odio estar rodeada de gente enferma", anuncia Ava Gardner en cierto momento); en este filme los personajes siguen, incondicionalmente, la pista de un presentimiento o *sexto sentido* (entonando siempre: "Lo que tenga que ser, será"), en él la gran maquinaria mítica del estrellato de Hollywood (puesto que la Condesa es también una famosa estrella de cine) está explicada, con gran seriedad, como una cuestión de puro aura, de un público que ama y abraza instantáneamente lo que sabe que es verdaderamente especial, pese a la inherente vulgaridad y estupidez del sistema de estudios y sus productores corruptos.

En *La condesa descalza* hay un pasaje concreto, una atmósfera concreta, que solo puede apreciarse por completo si uno está viendo el filme en una gran pantalla, inmerso en la oscuridad. Tiene lugar alrededor del minuto 80 —al comienzo del capítulo 12, que lleva el maravilloso título de "They Meet Again" ("Ellos se encuentran de nuevo") en el DVD de la MGM— y concierne al encuentro entre la Condesa y el Conde, su futuro marido (interpretado por Rossano Brazzi).

Mankiewicz extiende este exquisito pasaje durante diez minutos, en tres elaboradas escenas que nos llevan del día a la noche.

En la primera escena, Ava, sin decir nada a nadie, se ha marchado a un campo a bailar con los gitanos y, en medio de su trance coreográfico, ve que el Conde (quien, por accidente, ha interrumpido su viaje cerca de este lugar) está observándola en ese momento tan privado; no cruzan una sola palabra y él no tiene idea de quién es ella en el mundo del espectáculo. En la segunda escena, en el casino de la Riviera, Ava, ahora interpretando su papel público y social como compañera de un multimillonario grosero, se sorprende al ver que el Conde, de nuevo, aparece ante ella como por arte de magia. Entonces, la protagonista rompe con el multimillonario —sumido en uno de sus delirios petulantes— simplemente tomando la mano de ese atractivo extraño que ha aparecido tras el otro hombre, ha tocado el hombro de este y le ha propinado un bofetón. (A decir verdad, si uno empieza la cuenta atrás de esta secuencia con el primer y enigmático atisbo de ese bofetón —filmado desde un ángulo de cámara distinto, perteneciente a otro *flashback*—, el encuentro completo se alarga durante catorce minutos).

Ellos se marchan de la fiesta juntos y, de hecho, en ese mismo momento, Ava deja atrás la vida que llevaba pese a que tampoco tiene idea de quién es, en realidad, este caballero entre los caballeros. Este tipo de acción repentina, que altera totalmente una vida, sucede en varias ocasiones durante el filme. La tercera escena ocurre fuera de la fiesta, en el coche del Conde donde ambos discuten el extraño destino que los ha unido al instante, sin preguntas, solo a partir de presentimientos y gestos impulsivos. "¿Qué estás haciendo aquí además de haber venido a por mí?" pregunta ella. "No hay otra razón", responde él. "¿Cuándo supiste que habías venido a por mí?" "Tú también lo supiste", contesta él, "lo supiste tan bien como yo".

En *La condesa descalza* este evento es más que una emoción, una atmósfera o un simple cruce de trayectorias. Es, en el más cargado de los sentidos, un *encuentro* —un cruce azaroso que altera dos vidas, que las une para siempre en un destino compartido, *a mood for love*—. El cine de los estados de ánimo y las emociones está inextricablemente ligado a la mitología del encuentro. Esta mitología recorre todo el espectro de los clichés de la cultura pop —del "amor a primera vista", "el cruce de miradas" o esas almas gemelas "hechas la una para la otra", a la novela surrealista de André Breton *Nadja* (1928) o a la canción de Nick Cave, "Are You The One That I've Been Waiting For?" ("¿Eres tú aquella a la que he estado esperando?")—.

Uno de los textos modernos que afirman más rotundamente la filosofía surrealista del encuentro es *La llama doble* (1993), una meditación sobre el amor y el erotismo escrita por el gran poeta mejicano Octavio Paz a los 80 años de edad. Paz sostiene:

> Predestinación y elección, los poderes objetivos y los subjetivos, el destino y la libertad, se cruzan en el amor. El territorio del amor es un espacio imantado por el encuentro de dos personas. (Paz 1993, 34)

Paz podría haber estado describiendo aquí el pasaje de *La condesa descalza* que acabo de evocar. De hecho, la emoción y el encuentro van tan bien juntos en el cine porque, en sus coordenadas líricas y poéticas, la quintaesencia del encuentro es profundamente cinematográfica. Mientras Paz habla de un espacio imantado por el encuentro, el joven Walter Benjamin, en su ensayo *La metafísica de la juventud* (1914), describe un encuentro con una extraña en medio de un baile y pregunta:

> ¿Cuándo, sino aquí, alcanzó la noche a la claridad y se

volvió radiante? ¿Cuándo fue vencido el tiempo? ¿Quién sabe a quién conoceremos a esta hora? (Benjamin 1996, 16)

Espacio imantado y tiempo vencido: la fórmula perfecta para el cine.

Otro episodio en la historia del cine de los estados de ánimo y del encuentro: *Asuntos privados en lugares públicos* (Coeurs, 2006) de Alain Resnais, un filme con múltiples personajes y una trama de trayectorias entrelazadas, filmado por completo en un paisaje urbano nevado que fue construido y estilizado en un estudio. Resnais describe del siguiente modo el tema de su filme: "Nuestros destinos, nuestras vidas, siempre están guiados. Nuestro destino puede depender de una persona a la que nunca hemos conocido" (Marco 2006). Cuarenta y tres años antes de esta declaración, el crítico surrealista Robert Benayoun reflexionaba sobre las obras maestras realizadas por Resnais a finales de los años 50 y principios de los 60 —*Hiroshima mon amour* (1959), *El año pasado en Marienbad* (L'année dernière à Marienbad, 1961) y *Muriel* (1963)— y concluía que Resnais ya se había convertido en el poeta triste de un sueño perdido, explorando lo que él llamó los "avatares del encuentro":

> Siempre tendemos hacia ese milagro perdido, esa Sierra Madre que es la identificación mágica, la fusión de dos seres en un dominio, repentino y compartido, del tiempo (...) En *Muriel* [el encuentro] es furtivo, incumplido, desfasado. La iluminación capital permanece ausente (...) Ya no nos encontramos en el tiempo en que los surrealistas exorcizaban la noche, convocaban al ser amado y al destino. *Muriel* es algo así como el negativo del encuentro, (...) más bien el naufragio de la concomitancia, la pérdida de los polos magnéticos de la pasión. (Benayoun 2002, 131–136)

¿Acaso nos hemos alejado demasiado de Spinoza en este recorrido por los estados de ánimo y los encuentros? No si volvemos a él vía Gilles Deleuze. En su seminario sobre Spinoza de 1978 Deleuze se explaya en una palabra que, como él mismo confiesa, solo aparece escrita una vez en la *Ética* de Spinoza: *occursus*, o encuentro (ver Deleuze 1978). Lo que Deleuze valora en Spinoza es el vasto terreno de afectos que traza, relaciones vistas como colisiones intensivas, relaciones anímicas en el sentido en que yo estoy usando esta palabra, relaciones que no se centran en la psicología o la voluntad individual. El cineasta Philippe Grandrieux ha declarado:

> Mi sueño es crear un filme completamente 'spinozaista', construido sobre categorías éticas: ira, alegría, orgullo... y esencialmente cada una de estas categorías sería un bloque puro de sensaciones que pasarían de la una a la otra con enorme brusquedad. El filme sería, por lo tanto, una vibración constante de emociones y afectos, y todo eso nos reuniría, nos reinscribiría, en el material del que estamos formados. (Brenez 2003)

Cuando Deleuze retoma el ejemplo ilustrativo de Spinoza sobre los afectos en acción —dos conocidos que se topan en la calle— lo expande para convertirlo en un encuentro totalmente desarrollado. Escuchemos el lenguaje de las sensaciones y las imágenes que Deleuze usa aquí:

> Camino por una calle donde conozco a gente, digo: 'Buenos días Pierre', y después giro y digo: 'Buenos días Paul'. O bien las cosas cambian: miro el sol y, poco a poco, el sol desaparece y me encuentro en la oscuridad de la noche; son, entonces, una serie de sucesiones, de coexistencias de ideas, de sucesiones de ideas. (Deleuze 1978)

Terrence Malick hubiese apreciado esta escenografía: la desaparición del sol o la oscuridad de la noche —Pierre o Paul— como una sucesión de ideas. Deleuze vuelve a otro momento de la historia de estos dos hombres que se encuentran:

> Camino por la calle, veo a Pierre que no me agrada, y esto es así en función de la constitución de su cuerpo y de su alma y de la constitución de mi cuerpo y de mi alma. (Deleuze 1978)

La lección de esta historia, según Deleuze, es la siguiente: "En tanto tenga ideas-afecciones, vivo al azar de los encuentros" (Deleuze 1978).

El sentido del encuentro para Deleuze, el valor que le confiere, tiene bastante en común con Breton y los surrealistas. No estoy hablando aquí de encuentros mundanos, banales, de esos que Spinoza describe como meramente contingentes. Al fin y al cabo, tenemos docenas de encuentros de ese tipo cada día, y estos no cambian necesariamente nuestras vidas o nuestros destinos en ese modo dirigido, bendito o maldito, descrito por Resnais. Spinoza escribe:

> El afecto relacionado con una cosa que sabemos que no existe en el presente y que imaginamos como posible es más violento, en igualdad de circunstancias, que el relacionado con una cosa contingente. (Spinoza 2009, 300)

Tanto la posibilidad como la violencia son positivas para Deleuze.

En realidad, Deleuze da mucha más importancia al *occursus* que Spinoza. Para Deleuze, el encuentro de Pierre y Paul es potencialmente tan dramático, tan trascendental, como el del conde y la condesa Torlato-Favrini en el filme de Mankiewicz. El encuentro *deleuziano* es, en gran medida, una especie de *tabula rasa*. Es un encuentro con la absoluta otredad, la alteridad de alguien o algo. Antes de él no existe nada, nadie: todo se crea en ese instante. "Los encuentros intensivos", tal como apunta Mogens Laerke, son "constitutivos de las dinámicas de Ser" (Laerke 1999, 90); y para Robert Sinnerbrink, toda la empresa filosófica de Deleuze se emplaza bajo el signo de un "encuentro violento entre fuerzas heterogéneas" (Sinnerbrink 2006, 62). Por lo tanto el encuentro azaroso *deleuziano* está totalmente abierto al futuro, a transformarse. En ese sentido, puede ser cuidadosamente comparado con el *acontecimiento* tal y como Alain Badiou teoriza ese término, también en referencia a Spinoza:

> El amor se inicia siempre con un encuentro, al que yo le otorgo la categoría, de alguna forma metafísica, de *acontecimiento*. Es decir, algo que no entra en la ley inmediata de las cosas. (Badiou 2011, 42)

Hablando de Breton y no de Deleuze, Maurice Blanchot resume esta clase de encuentro como una afirmación del poder de "interrupción, intervalo, detención, o abertura" (Blanchot 2008, 532).

Hay una cierta tendencia del cine moderno, una tendencia a menudo muy excitante, que se apoya, conscientemente o no, en el encuentro tal y como Deleuze (y Breton) lo sienten. En su libro *El cine y la puesta en escena* (2006), Jacques Aumont habla de una forma o estilo contemporáneo que asociamos con los hermanos Dardenne o con los filmes *Dogma*. En él, a partir de la toma larga, la cámara en mano y la puesta en escena abierta, "los filmes pueden integrar fácilmente la idea del encuentro, del descubrimiento, del accidente, del azar" (Aumont 2006, 170). Aumont rastrea el origen de este estilo en la *Nouvelle Vague* de principios de los 60, pero en realidad su padre es el visionario director etnográfico Jean Rouch — que, al unir documental y ficción, tenía en mente, precisamente, este propósito surrealista: lo que Benayoun llamó el momento de "iluminación capital" dentro de "el espacio imantado" del encuentro de Paz—.

En el cine americano reciente, uno de los ejemplos más sorprendentes (y divertidos) de esto es la película de James Toback *When Will I Be Loved* (2004), en la que Neve Campbell, en tomas fluidas y sin cortes, se topa constantemente con extraños en la calle e intenta ligar con ellos, mientras mantiene solemnes discusiones con su gurú, un exintelectual de la contracultura interpretado por el propio Toback.

Pero en el cine hay muchas sombras del encuentro, tantas como en la vida o la filosofía. De hecho, es posible elaborar una completa tipología de encuentros cinematográficos. Por ahora, he descrito solo el encuentro clásico, ideal, sublime. Pero también tenemos el encuentro que no llega a suceder (imaginado y eternamente lamentado), el encuentro indirecto (que, en el ritmo de la vida cotidiana, tarda un tiempo en arder), el encuentro fantasmal (mala suerte si te enamoras de un fantasma), el encuentro forzado (el reino del *thriller* con sus acosadores y cazadores sexuales) y, sobre todo, el mal encuentro. Los encuentros sublimes pueden convertirse con frecuencia en malos encuentros, ese es el caso de *La condesa descalza*, o de un filme contemporáneo como *Twentynine Palms* (Bruno Dumont, 2003).

¿Qué convierte a un buen encuentro en un mal encuentro? Un desajuste de personalidades, energías o estados intensos que, en primera instancia, se enmascara a sí mismo para, después, insistir catastróficamente. Blanchot reflexionó profundamente sobre esto en *La conversación infinita* (1969): en el corazón de cada encuentro sublime, sugirió él, hay un malentendido, un no-alineamiento, una no-coincidencia —"el malentendido es la esencia, [incluso] el principio del encuentro" (Blanchot 2008, 536)—. Y también una cualidad (a veces de efectos fatales) de autoconciencia: Blanchot habla del encuentro con el propio encuentro, del encuentro redoblado (para una brillante elaboración de este tema ver Arnaud 2007, 301–336). Una forma de esto es el encuentro deseado o querido, un encuentro que, desde el primer momento, está cargado con demasiadas expectativas y proyección de la fantasía: esto es lo que sucede en la inolvidable canción de Nick Cave que he mencionado anteriormente, en la cual aquella a la que él está esperando tiene, todavía, que materializarse; y también, más trágicamente, en *Vértigo* (Vertigo, 1958) de Alfred Hitchcock.

Siguiendo con este tema, la violencia y el exceso de afecto con los que se presenta el encuentro convocan una forma narrativa y cinematográfica particularmente problemática: el encuentro buscado, perseguido y, a menudo, explícitamente amañado. Octavio Paz habló del cruce entre la predestinación y la elección en el amor; pero, en realidad, este es un cruce difícil de imaginar. Incluso en la mitología popular, aquella parte de predestinación asociada a todo encuentro sublime ("Nos acabamos de conocer pero es como si nos conociésemos de toda la vida") nos confronta con un complejo problema ontológico: si, mágica o místicamente, el terreno para este encuentro ya ha sido preparado, si ha sido diseñado por adelantado, ¿cómo puede tratarse entonces de un encuentro azaroso, de una combustión espontánea, de la creación surgida del vacío de una *tabula rasa*? (Sobre este tema recomiendo los textos recogidos en el nº. 135 de *Autrement*, dedicado al encuentro.)

El cine de las atmósferas y los estados de ánimo se ha preocupado a menudo por esta paradójica constelación. En *Cara de ángel*, de Otto Preminger, todo comienza con la escena, maravillosamente filmada, de un encuentro: el conductor de ambulancias Robert Mitchum, vacilando y cambiando de dirección mientras baja la escalera de la mansión a la que le han llamado para atender un misterioso caso de asfixia por gas, ve a Jean Simmons sola en una habitación, tocando el piano. Es un evento breve (apenas dos minutos) pero de gran densidad dramática: él es *llamado*, como por un canto de sirena, hechizado por el sonido y, luego, por la visión de ella al piano; la mujer se pone a llorar histéricamente; él la abofetea para hacerla volver en sí; ella se pone firme y le abofetea a él —en una de las más grandes voleas cinematográficas, en forma de plano-contraplano, que transmite toda la violencia del corte—. Entonces ella se ablanda y comienza el diálogo entre ambos.

La narrativa de este filme gira —como muchas otras narrativas— sobre un "si" condicional articulado por los personajes: "¿Qué hubiera pasado *si* esa llamada no se hubiese producido?" —pregunta que pone a Mitchum en el camino de ese encuentro tortuoso y finalmente mortal—. Sin embargo, en un momento clave, esta especulación es respondida con otra observación: "Pero había dos hombres en las escaleras esa noche". Uno fue arrastrado hacia ese encuentro, el otro no. Diane, la mujer del piano, es, por supuesto, una variación de la heroína del *film noir*: tal y como comprenderemos en el transcurso de los acontecimientos, ella es el cebo, la araña, la depredadora, la cazadora mitológica. Es más, todo lo que le vemos hacer en el filme está perseguido y ensombrecido por lo que no le vemos hacer; y eso despierta, en cada momento, la cuestión de cuánto ensaya sus acciones y apariciones por adelantado, incluyendo la primera de ellas, frente al piano, que parece accidental o azarosa. (Preminger solo nos revela su presencia en la casa en ese momento, pero, retrospectivamente, vamos a preguntarnos dónde estaba, qué es lo que vio y qué es lo que hizo, antes de que su canto de sirena nos anunciara su aparición.)

El encuentro, por lo tanto, está doblado por su prefabricación, por su manipulación, como en los *thrillers* laberínticos de Fritz Lang y Brian De Palma. Y aquí, el encuentro, supuestamente romántico y sublime, es ya inestable y perverso: ella le devuelve el bofetón, y él bromea diciendo que no es así como funciona según su manual. Los problemas, la inquietud, el desasosiego, ya han sido codificados en el ADN de este evento inaugural y primordial. (Esto también es así en *La condesa descalza*.)

En el salto que nos lleva del cine de los 50 al de hoy, somos testigos de un fascinante vaciamiento del evento del encuentro: en un filme como el *biopic* surrealista de Raúl Ruiz

*Klimt* (2006), el encuentro del artista (John Malkovich como Gustav Klimt) con su Musa (Saffron Burrows como Lea de Castro) es algo que parece suceder múltiples veces, pero al mismo tiempo nunca llega a suceder: la mujer es siempre una aparición, una sombra, una silueta; también es, literalmente, un ser múltiple, distribuido en distintos cuerpos; además, una siniestra figura entre bastidores presume de recopilar y depositar cuidadosamente, en escenas preparadas con anterioridad, todas las versiones disponibles de ella.

La primera vez que Klimt ve a esa mujer que llegará a significar tanto en su mente y en su arte, ni siquiera la ve en persona, sino en una pantalla de cine, ¡en una de las primeras proyecciones de Georges Meliès! Ya no se trata de la típica *femme fatale* con sus intenciones ocultas, esta figura femenina lo es todo al mismo tiempo: un fantasma metafísico, una fantasía personalizada y una artimaña conjurada por los otros. Curiosamente, Ruiz declaró que Spinoza es el filósofo más pertinente para la exploración (práctica y teórica) del cine.

Voy a terminar haciendo referencia a un reportaje. A finales del 2006, un periódico del Reino Unido dedicó toda una página a un texto de opinión sobre un caso de homicidio: una mujer volvía a casa sola por la noche cuando se topó con un extraño que la asesinó. El periodista preguntaba: ¿Era su destino encontrarse con ese hombre que acabaría con su vida esa misma noche, en el lado oscuro de la ciudad? ¿O fue uno de esos cruces azarosos que definen la estructura o el diseño de la realidad en cualquier metrópolis moderna?

Me impresionó leer esta extraña pieza porque en ella el reportero estaba, en efecto, evocando o recordando dos tipos distintos de narrativa cinematográfica, ambas muy prevalentes en la cultura y el pensamiento contemporáneos: la historia del destino, de los lazos de predestinación (aquí en su forma negativa, criminal); y la historia de la contingencia, de la inmanencia, del flujo impredecible de la vida y de la sociedad. De hecho, en el cine, estos dos modelos de historia dudan de su propia naturaleza y amenazan constantemente con metamorfosearse el uno en el otro: los cuentos de destino divino —como *Vértigo* o *Doble cuerpo* (Body Double, Brian De Palma, 1984)— se revelan, con frecuencia, como trampas traicioneras; mientras las historias de azar ciego —como los filmes de Kieslowski, o *Crash* (Paul Haggis, 2004), *Lantana* (Ray Lawrence, 2001) y *Magnolia* (Paul Thomas Anderson, 1999)— suelen torcerse hacia una redención esperanzadora e imposible, hacia una lógica u orden que trae una suerte bendita dentro del desorden enfermo de todo lo demás.

Y los dos tipos de historia giran, cada uno a su modo, sobre una atmósfera: en un caso, el aura de la predestinación, del encuentro destinado que se abre a un mundo utópico, nuevo e imprevisto; y, en el otro caso, la teoría del caos, de las colisiones dramáticas que terminan en un nuevo arreglo o realineamiento de un mundo viejo y asentado. Alain Badiou aborda esta dualidad cuando señala: "El amor comienza como un puro encuentro, que no está destinado ni predestinado, excepto por el cruce azaroso de dos trayectorias" (Badiou 2003, 27). El amor es —como todos los acontecimientos en el sistema de Badiou— impredecible, imprevisible; es el *trabajo* del amor, a lo largo del tiempo —no en la 'eternidad del instante' celebrada por los surrealistas— lo que *transforma* el encuentro en destino.

En cualquier evento, no importa si apostamos por una historia o por la otra, y tampoco el resultado de esa apuesta: todo esto no tendrá el más mínimo impacto en el modo en que la política del estado de ánimo se desarrolla en la cultura del presente y del futuro. ¿Quién sabe, de hecho, a quién conoceremos a esta hora?

# BIBLIOGRAFÍA

# Bibliografía

Agamben, Giorgio. 2005. *Profanaciones*. Buenos Aires: Adriana Hidalgo.
Agamben, Giorgio. 2008. *La potencia del pensamiento*. Barcelona: Anagrama.
Arnaud, Philippe. 2007. ". . . Son aile indubitable en moi." Reeditado en *La Rencontre*, Jacques Aumont (ed.), 301–336. Paris: La Cinémathèque française/Presses Universitaires de Rennes.
Auerbach, Erich. 1959. *Scenes from the Drama of European Literature*. Minneapolis: University of Minnesota Press.
Auerbach, Erich. 1998. *Figura*. Madrid: Trotta.
Auerbach, Erich. 2011. *Mimesis: la representación de la realidad en la literatura occidental*. Méjico: Fondo de Cultura Económica.
Aumont, Jacques. 2006. *Le Cinéma et la mise en scène*. Paris: Armand Collin.
Badiou, Alain. 2003. *On Beckett*. Manchester: Clinamen Press.
Badiou, Alain. 2011. *Elogio del amor*. Madrid: La Esfera de los Libros.
Barck, Karlheinz. 1992. "Walter Benjamin and Erich Auerbach: Fragments of a Correspondence." *Diacritics* 22 (3-4): 81–83.
Benayoun, Robert. 2002. "Muriel, ou les rendez-vous manqués." En *Alain Resnais*, Stéphane Goudet (ed.), 131–136. Paris: Folio.
Benjamin, Walter. 1996. "The Metaphysics of Youth," en *Selected Writings, Volume 1: 1913-1926*, Marcus Bullock y

Michael W. Jennings (eds.), 6–17. Cambridge, Mass.: Harvard University Press.

Blanchot, Maurice. 2008. *La conversación infinita*. Madrid: Arena Libros.

Boileau, Pierre y Narcejac, Thomas. 1959. *De entre los muertos*. Barcelona: G.P.

Boileau, Pierre y Narcejac, Thomas. 1964. *Le roman policier*. Paris: Presses Universitaires France [PUF].

Bourget, Jean-Loup. 1972. "Sirk's Apocalypse." En *Douglas Sirk*, Jon Halliday y Laura Mulvey (eds.), 67–76. Edinburgh: Edinburgh Film Festival.

Brenez, Nicole. 1990. "Glossaire." *Admiranda* 5: 75–77.

Brenez, Nicole. 1995. *Shadows de John Cassavetes*. Paris: Nathan.

Brenez, Nicole. 1997. "The Ultimate Journey: Remarks on Contemporary Theory." *Screening the Past* 2: http://www.latrobe.edu.au/screeningthepast/reruns/brenez.html.

Brenez, Nicole. 1998. *De la figure en général et du corps en particulier. Invention figurative au cinéma*. Bruxelles: De Boeck.

Brenez, Nicole. 2003. "The Body's Night: An Interview with Philippe Grandrieux." *Rouge* 1: http://rouge.com.au/1/grandrieux.html.

Brenez, Nicole. 2007. *Abel Ferrara*. Champaign: University of Illinois Press.

Char, René. 1964. "The Journey is Done." *Yale French Studies* 31: 126.

Deleuze, Gilles. 1978. "Deleuze/Spinoza: Cours Vincennes," *webdeleuze* [website], January 24: http://www.webdeleuze.com/php/texte.php?cle=14&groupe=Spinoza&langue=2.

Fassbinder, Rainer Werner. 1992. *The Anarchy of the Imagination: Interviews, Essays, Notes*, Michael Töterberg y Leo A. Lensing (eds.). Baltimore: Johns Hopkins University Press.

Kaplan, Nelly. 1982. "All Creation is Androgynous." En *Free Spirits: Annals of the Insurgent Imagination*, Paul Buhle et al. (eds.), 68–72. San Francisco: City Lights.

Kracauer, Siegfried. 1989. *Teoría del cine: La redención de la realidad física*. Barcelona: Paidós Ibérica.
Kracauer, Siegfried. 2001. *Le roman policier*. Paris: Payot.
Kracauer, Siegfried. 2009. *Construcciones y perspectivas: El ornamento de la masa 2*. Barcelona: Gedisa.
Kracauer, Siegried. 2010a. *Historia: Las últimas cosas antes de las últimas*. Buenos Aires: Las Cuarenta.
Kracauer, Siegfried. 2010b. *La novela policial: Un tratado filosófico*. Buenos Aires: Paidós.
Laerke, Mogens. 1999. "The Voice and the Name: Spinoza in the Badioudian Critique of Deleuze," *Pli* 8: 86–99; http://web.warwick.ac.uk/philosophy/pli_journal/pdfs/laerke_pli_8.pdf.
Marco, Camillo de. 2006. "Interview with Alain Resnais: At the Venice Film Festival with *Coeurs*." *Cineuropa*: 2–9; http://cineuropa.org/it.aspx?t=interview&l=en&did=66603.
Martin, Adrian. 1993. "The Impossible Scene: The Work of Raúl Ruiz." *Photofile* 38: 49–54.
Martin, Adrian. 2009. "The Long Path Back: Medievalism and Film." *Screening the Past* 26: http://www.latrobe.edu.au/screeningthepast/26/early-europe/medievalism-and-film.html.
Martin, Adrian. 2011. "Turn the Page: From *Mise en scène* to *Dispositif*." *Screening the Past* 31: http://www.screeningthepast.com/2011/07/turnthe-page-from-mise-en-scene-todispositif/.
Ollier, Claude. 1980a. "Josef von Sternberg." En *Cinema: A Critical Dictionary, Volume 2*, Richard Roud (ed.), 949–960. London: Secker & Warburg.
Ollier, Claude. 1980b. *Souvenirs écran*. Paris: Cahiers du cinéma/Gallimard.
Paranagua, Paulo de. 1980. "Manifesto for a Violent Cinema." En *Surrealism and its Popular Accomplices*, Franklin Rosemont (ed.), 43. San Francisco: City Lights Books.
Paz, Octavio. 1993. *La llama doble: Amor y erotismo*. Seix Barral: Barcelona.
Ricoeur, Paul. 1978. *The Philosophy of Paul Ricoeur: An Anthology of His Work*. New York: Beacon Press.

Ricoeur, Paul. 2006. *El conflicto de las interpretaciones: Ensayos de hermenéutica*. Buenos Aires: Fondo de Cultura Económica.

Rosenbaum, Jonathan. 2004. *Essential Cinema: On the Necessity of Film Canons*. New York: Johns Hopkins Press.

Routt, William D. 2000. "For Criticism (Parts 1 & 2)." *Screening the Past* 9: http://www.latrobe.edu.au/screeningthepast/shorts/reviews/rev0300/wr1br9a.htm (1); http://www.latrobe.edu.au/screeningthepast/shorts/reviews/rev0300/wr2br9a.htm (2).

Schefer, Jean Louis. 1999. *Images mobiles*. Paris: P.O.L. Editeur.

Silverman, Kaja y Farocki, Harun. 1998. *Speaking About Godard*. New York: University Press.

Sinnerbrink, Robert. 2006. "Nomadology or Ideology? Zizek's Critique of Deleuze." *Parrhesia* 1: http://www.parrhesiajournal.org/parrhesia01/parrhesia01_sinnerbrink.pdf.

Spinoza, Baruch. 2009. *Ética*. Madrid: Alianza Editorial

Taussig, Michael. 2011. *I Swear I Saw This: Drawings in Fieldwork Notebooks, Namely My Own*. Chicago: University of Chicago Press.

Adrian Martin es profesor de estudios de cine y televisión en la Universidad de Monash (Melbourne, Australia), donde codirige también el Departamento de Investigación de Teoría y Cultura Cinematográfica. Durante 2013-2014 ha sido invitado, como profesor distinguido, por la Universidad Goethe (Frankfurt, Alemania). Crítico de cine en activo desde 1979, es columnista regular de publicaciones como *Caimán. Cuadernos de Cine* y *De Filmkrant*. Es autor de cinco libros previos (*Phantasms*, *Once Upon a Time in America*, *Raúl Ruiz: sublimes obsesiones*, *The Mad Max Movies* y *¿Qué es el cine moderno?*), así como de miles de artículos y críticas aparecidas en *Trafic*, *Sight and Sound*, *Framework*, *Transit*, etc. Es coeditor de las publicaciones *online LOLA* (http://www.lolajournal.com/), *Screening the Past* (http://www.screeningthepast.com/) y del libro *Mutaciones del cine contemporáneo* (Errata Naturae 2010).

Origen de los Textos y Agradecimientos

"Último día cada día: Pensamiento figural de Auerbach y Kracauer a Agamben y Brenez" fue primero publicado en inglés, en octubre de 2012, por punctum books.

"Avatares del encuentro" fue presentado en el marco de una conferencia sobre Spinoza en el Victoria College of the Arts en 2006. El texto fue publicado por primera vez en *Transit. Cine y otros desvíos* en marzo de 2012. Aquí aparece en una versión revisada en 2013.

Queremos dejar constancia de nuestro agradecimiento a Carles Matamoros Balasch por su atenta lectura y revisión de la traducción al español de "Último día cada día: Pensamiento figural de Auerbach y Kracauer a Agamben y Brenez".

Agradecemos también a Eva Sangiorgi y a Roger Alan Koza, directora y programador del FICUNAM, el haber hecho posible esta edición extendida del libro.

# FICUNAM

# ÚLTIMO DÍA

# CADA DÍA

www.ingramcontent.com/pod-product-compliance
Lightning Source LLC
Chambersburg PA
CBHW070850160426
43192CB00012B/2378